Speroni

DIALOGO
DELLE
LINGUE

Interlocutori

BEMBO, LAZARO, CORTEGIANO, SCOLARE, LASCARI, PERETTO

Bem. Io odo dir, messer Lazaro, che la Signoria di Venezia v'ha condotto a legger greco e latino nello Studio di Padova: è vero questo?

Laz. Monsignor sì.

Bem. Che provisione è la vostra?

Laz. Trecento scudi d'oro.

BEM. Messer Lazaro, io me n'allegro con voi, con le buone lettere e con gli studiosi di quelle: con voi prima, peroché io non so uomo nessuno della vostra professione, che andasse presso a quel segno ove sete arrivato con le buone lettere poi, le quali da qui inanzi non mendicheranno la vita loro povere e nude, come sono ite per lo passato. M'allegro eziandio con lo Studio e gli studiosi di Padova, cui finalmente è tocco in sorte tale maestro quale lungo tempo hanno cercato e disiderato. Ma io v'aviso che egli vi bisognerà sodisfar non tanto all'immenso disiderio che hanno gli uomini d'imparare, quanto ad una infinita speranza che s'ha di voi e della vostra dottrina. Il che fare nuova cosa non vi sarà, così sete usato d'affaticarvi e con le vostre lodevoli fatiche operar gloria in voi e in altrui vertù.

Laz. Monsignor, sempremai io n'ho pregato Domenedio che mi dia grazia e occasione una volta di far conoscere al mondo non quel poco ch'io so, ma il valore e l'eccellenzia di queste due lingue, le quali gran tempo sono state sprezzate da chi doveva adorarle; ora che Dio la mi ha conceduta, ho speranza di fare che molti uomini di qualunche età e nazione, lasciati gli altri studi da canto, tutti a questo uno si doneranno, come a quello che veramente pò loro far gloriosi.

BEM. Chiunque vi conosce porta cotale openione di voi. Ma per certo noi siamo giunti a tempo che pare che il male lungamente da noi sofferto voglia Iddio a qualche modo ricompensarci; peroché in iscambio delle molte possessioni e città della Italia, le quali occupano gli oltramontani, egli ci ha donato l'amore e la cognizione delle lingue in maniera che nessuno non è tenuto filosofo, che non sa greco e latino perfettamente. Onde egli è strana e bella cosa il vederci continuamente vivere e parlare con barbari e non aver del barbaro. Né solamente queste due nobilissime lingue, ma la toscana poco men che perduta, quasi pianta che rinovelle, è rifiorita di nuovo sì fattamente che di breve più d'un Petrarca e più d'un Boccaccio vi si potrà numerare. La ebrea similmente comincia ad essere in prezzo. Per che a me pare, quando vi guardo, che questo sia un certo influsso del cielo, sì fieramente ogn'uno si dà nello studio delle lingue: il quale solo fra tutti gl'altri ci fa immortali per fama.

Laz. Degna cosa da credere che 'l cielo abbia curato altre volte e curi ancora della greca e della latina, per la eccellenzia di queste lingue; ma di quelle altre né il cielo ne ha cura, né deeno averne i mortali: ai quali né onore né utile non può recare il parlar bene alla maniera del vulgo.

Bem. Egl'è ben vero che tanto più volentieri si doverebbe imparar la lingua greca e la latina che la toscana, quanto di questa quelle altre due sono più perfette e più care; ma che la tosca sia da sprezzare del tutto, per niente lo direi: parte per non dire bugia, parte per non parer d'aver perduto tutto quel tempo che spender volli in apprenderla. Della ebrea, io non ne so nulla; ma per quello che io n'oda dire, quanto la latina gl'Italiani altrotanto o poco meno istima lei la Germania.

Laz. A me pare, quando vi guardo, che tale sia la volgar toscana per rispetto alla lingua latina quale la feccia al vino; peroché la volgare non è altro che la latina guasta e corrotta oggimai dalla lunghezza del tempo o dalla forza de' barbari o dalla nostra viltà. Per la qual cosa gl'Italiani, li quali allo studio della lingua latina la volgare antepongono, o sono senza giudicio, non discernendo tra quel ch'è buono e non buono, o privi in tutto d'ingegno non son possenti di possedere il migliore. Onde quello n'avviene che noi veggiamo avvenire d'alcuna umana complessione, la quale scema di vigor naturale, non avendo vertù di fare del cibo sangue, onde viva il suo corpo, quello in flemma converte, che rende lo uomo dapoco, e nelle proprie operazioni il fa essere conforme alla qualità dell'umore. Ma egli si vorrebbe dare per legge ad ogn'uno: a' volgari il non parlare latinamente, per non diminuir la riputazione di questa lingua divina; a' literati, che mai da loro, se non costretti d'alcuna necessità, non si parlasse volgare alla maniera degl'ignoranti: accioché 'l vulgo arrogante, con l'essempio e auttorità de' grandi uomini, non prendesse argomento di far conserva delle sue proprie brutture e ad arte ridurre la sua ignoranzia.

CORTEG. Messer Lazaro, qui tra noi ditene il male che voi volete di questa lingua toscana; solamente quello non fate che fece l'anno passato messer Romolo in questa città; il quale orando publicamente con tante e tali ragioni biasimò cotal lingua ch'ora fu che inanzi arei tolto d'esser morto famiglio di Cicerone, per aver bene latinamente parlato, che viver ora con questo Papa toscano.

LAZ. Se io credessi bisognarmi persuadere a' scolari di Padova che la lingua latina fosse cosa da seguitare e da fuggir la toscana, o io non v'anderei a legger latino o spererei che delle mie lezzioni poco frutto se ne dovesse pigliare; ché, da sé stessi nol conoscendo, giudicarei che essi mancassero d'intelletto, non sappiendo distinguere tra principii per sé noti e tra le conclusioni: il quale difetto non ha rimedio nissuno. Onde io vi dico che più tosto vorrei saper parlare come parlava Marco Tullio latino ch'esser Papa Clemente.

Corteg. E io conosco di molti uomini che, per esser mediocri signori, si contentarebbono d'esser muti. Già non dico ch'io sia uno di questo numero; ma dico bene, e dicolo con vostra grazia, poi che il difetto è dal mio poco intelletto, io non vedo per qual ragione debba l'uomo apprezzare la lingua greca né la latina, che per saperle sprezze mitre e corone; ché se ciò fosse, stato sarebbe di maggior dignità il canevaio o 'l cuoco di Demostene e di Cicerone, che non è ora l'imperio e il papato.

Bem. Non creggiate che messer Lazaro brami solamente la lingua latina di Cicerone, la quale era comune a lui e agl'altri Romani; ma insieme con le parole latine, egli disidera l'eloquenzia e la sapienzia di lui, che fu sua propria e non d'altri; la quale tanto più eccellente dee riputarsi d'ogni mondana grandezza, quanto all'altezza de' principati si sale per successione o per sorte, ove a quella delle scienzie monta l'anima nostra non con altre ali che con quelle del suo ingegno e della sua industria. Io so nulla per rispetto a' que' gloriosi, ma quel poco che io ne so delle lingue, non lo cangerei al Marchesato di Mantova.

Laz. Io non credo, Monsignor mio, che voi creggiate che molti de' senatori e de' consulari di Roma non che tutta la plebe, così latino parlasse come facea Marco Tullio, alli cui studii più fu Roma obligata, che alle vittorie di Cesare. Onde io dissi, e ora dico di nuovo, che più istimo e ammiro la lingua latina di Cicerone che l'imperio d'Augusto. Delle laudi della qual lingua parlarei al presente, non tanto per sodisfare al disiderio di questo gentil'uomo da bene, quanto perché io sono obligato di farlo; ma ove voi sete, non si conviene che altri che voi ne ragione; e chi facesse altramente, farebbe ingiuria alla lingua, e egli sarebbe tenuto prosontuoso.

Bem. Questo officio di lodar la lingua latina per molte ragioni dee esser vostro: parte per esser già destinato ad insegnarla publicamente, parte per esserle più partigiano che io non sono io, il quale non l'istimo cotanto, sì che però io dispregi la volgare toscana; e anche io non la preposi se non ad un marchesato, ove voi l'avete messa disopra all'imperio di tutto 'l mondo. Dunque a voi tocca il lodarla: ché lodandola sarete grato alla lingua, alla quale il nome vostro, e la fama vostra, è grandemente obligata; e con questo buon gentiluomo cortesemente operarete, il quale dianzi non si curò di confessare d'aver anzi dello scerno che no, per udir voi ragionar della sua eccellenza.

Laz. E io, poi che volete così, volentieri la loderò, con patto di potere insiememente biasimar la volgare, se voglia me ne verrà, senza che voi l'abbiate per male.

Bem. Son contento; ma sia il patto comune, che, quando voi vituperarete, io possa difendere.

Laz. Volentieri. Ma a voi, gentil'uomo, dico ch'io posso bene incominciare a lodare la buona lingua latina, rendendovi la ragione perché io la preponga alla signoria del mondo; ma finire non veramente, tanto ho da dire intorno a questa materia. Non per tanto mi rendo sicuro che quel poco ch'io ne dirò vi persuaderà ad esserle molto più amico che voi non siete al presente alla corte di Roma.

Corteg. Questo voi farete dapoi. Ora io voglio per la mia parte che qualora cosa direte che io non intenda, interrompendo il ragionamento, possa pregarvi che la chiariate.

Laz. Son contento. Dunque, senza altro proemio fare, io dico incominciando che, quantunque in molte cose siamo differenti dalli bruti animali, in quest'una principalmente ci discostiamo da loro, che ragionando e scrivendo comunichiamo l'un l'altro il cor nostro: la qual cosa non possono fare le bestie. Dunque, se così è, quegli più diverso sarà dalla natura de' bruti, il quale parlerà e scriverà meglio. Per la qual cosa chiunque ama d'esser uomo perfettamente, con ogni studio dee cercare di parlare e scrivere perfettamente; e chi ha vertù di poterlo fare, ben si può dire a ragione lui esser tale fra gl'altri uomini, quali sono gl'uomini istessi per rispetto alle bestie. La qual vertù di parlare e di scrivere i Greci e Latini quasi ugualmente s'appropriarono. Onde le loro lingue vengono ad esser quelle che, sole tra tutte l'altre del mondo, ci fanno diversi per eccellenzia dalle barbare e dalle irrazionali creature. E è ben dritto; conciosia cosa che tra' poeti volgari niuno ve n'abbia il quale a giudicio di Fiorentini possa agguagliarsi a Virgilio né ad Omero, né tra gli oratori a Demostene o a Marco Tullio. Lodate quanto volete il Petrarca e il Boccaccio, voi non sarete sì arditi che né eguali però né inferiori troppo vicini gli facciate agli antichi; anzi da loro tanto lontani li troverete che tra quelli non sarete osi d'annoverargli. Ora non voglio nominar d'uno in uno i scrittori greci e latini di grande eccellenza, ch'io non ne verrei a capo in un mese; ma son contento di queste due coppie. Troverassi a costoro in altra lingua alcun pare? Dirò di me: mai non sono di sì rea voglia e sì tristo che, leggendo i lor versi e l'orazioni, non mi rallegri. Tutti gl'altri piaceri, tutti gl'altri diletti, feste, giochi, suoni, canti vanno dietro a quest'uno. Né dee uomo meravigliarsene, peroché gl'altri solazzi sono del corpo e questo è dell'animo. Onde quanto è più nobile cosa l'intelletto del senso tanto è maggiore e più grato questo diletto di tutti gli altri.

CORTEG. Ben vi credo ciò che dicete; peroché qualunche volta io leggo alcune novelle del nostro Boccaccio, uomo certamente di minor fama che Cicerone non è, io mi sento tutto cangiare, massimamente leggendo quella di Rustico e d'Alibech, d'Alatiel, di Peronella e altre cotali le quali governano i sentimenti di chi le legge e fanno fargli a lor modo. Per tutto ciò io non direi dover uomo arguire l'eccellenzia d'alcuna lingua; più tosto credo la natura delle cose descritte avere vertù d'immutare il corpo e la mente di chi legge.

Bem. Questo no, ma la facondia è sola o principale cagione di far in noi così mirabili effetti. E ch'egli sia il vero, leggete Virgilio volgare, latino Omero e il Boccaccio non toscano e non faranno questi miracoli. Dunque messer Lazaro dice il vero, quando di tali effetti pone la cagion nelle lingue; non prova per questo la sua ragione non si dover imparar altra lingua che latina e greca. Peroché se la nostra volgare oggidì non è dotata di così nobili auttori, già non è cosa impossibile che ella n'abbia, quando che sia, poco meno eccellenti di Virgilio e d'Omero, ciò è che tali siano nella lingua volgare, quali sono costoro nella greca e nella latina.

Laz. Quando egli avverrà che la lingua volgare abbia i suoi Ciceroni, i suoi Virgilii, i suoi Omeri e i suoi Demosteni, allora consiglierò che ella sia cosa da imparare come è ora la latina e la greca. Ma questo mai non sarà; conciosia cosa che la lingua non lo patisce per esser barbara, sì come ella è, e non capace né di numero né di ornamento. Ché se que' quattro, non che altri, rinascessero un'altra volta e con l'ingegno e con la industria medesima, con la quale latinamente poetarono e orarono, parlassero e scrivessero volgarmente, essi non sarebbero degni del nome loro. Non vedete voi questa povera lingua avere i nomi non declinabili, i verbi senza coniugazione e senza participio, e tutta finalmente senza nissuna bontà? E meritamente per certo; conciosia cosa che, per quello che io n'oda dire da' suoi seguaci, la sua propria perfezzione consiste nel dilungarsi dalla latina, nella quale tutte le parti dell'orazione sono intere e perfette. Ché se ragione mancasse di biasmarla, questo suo primo principio, ciò è scostarsi dalla latina, è ragione dimostrativa della sua pravità. Ma che? ella mostra nella sua fronte d'aver avuto la origine e l'accrescimento da' barbari, e da quelli principalmente che più odiarono li Romani, cioè da' Francesi e da' Provenzali, da' quali non pur i nomi, i verbi e gli adverbi di lei, ma l'arte ancora dell'orare e del poetare sì si derivò. Oh glorioso linguaggio! Nominatelo come vi piace, solo che italiano non lo chiamate, essendo venuto tra noi d'oltre il mare e di là dall'Alpi, onde è chiusa l'Italia: ché già non è propria di Francesi la gloria che stati ne siano inventori e accrescitori; ma dall'inclinazione dell'imperio di Roma in qua, mai non venne in Italia nazione nissuna sì barbara e così priva d'umanità, Unni, Gotti, Vandali, Longobardi ch'a guisa di trofeo non vi lasciasse alcun nome o alcun verbo d'i più eleganti ch'ella abbia. E noi diremo che volgarmente parlando possa nascere Cicerone o Virgilio? Veramente se questa lingua fosse colonia della latina, non oserei confessarlo; molto meno il dirò, essendo lei una indistinta confusione di tutte le barbarie del mondo. Nel quale caos prego Dio che mandi ancora la sua discordia; la quale, separando una parola dall'altra e ogn'una di loro mandando alla propria sua regione, finalmente rimanga a questa povera Italia il suo primo idioma, per lo quale non meno fu riverita dalle altre provincie, che temuta per le armi. Io veramente poco ho letto di queste cose volgari, e guadagnato parmi d'avere assai in perdere di studiarle, che egli è meglio non le sapere che saperle; ma quante volte per mia disgrazia n'ho alcuna veduta, altretante meco medesimo ho lagrimato la nostra miseria, pensando fra me quale fu già e quale è ora la lingua onde parliamo e scriviamo. E noi vedremo giamai Cicerone o Virgilio toscano? Più tosto rinasceranno Schiavoni che Italiani volgari; salvo se per gioco non si dirà in quel modo che i servi fanno il lor re e i prigionieri lor podestà. Ma tal Virgilio e tal Cicerone, Mori e Turchi possono aver nelle lor lingue; però parlando una volta con un mio amico che molto ben s'intendea della lingua arabesca, mi ricordo udir dire che Avicenna avea composte di molte opere, le quali si conoscevano esser sue non tanto all'invenzione delle cose quanto allo stile, nel quale di gran lunga avanzava tutti gl'altri scrittori di quella lingua, eccetto quello de l'Alcorano. Dunque come proporzionevolmente Avicenna si direbbe Marco Tullio fra gli Arabi, così confesso dover nascere, anzi esser già nato e forse morto il Virgilio volgare: ma dico bene che tal Virgilio è un Virgilio dipinto Ma il buono e il vero Virgilio, il quale, lasciando l'ombre da canto, doverebbe l'uomo abbracciare, ha la lingua latina, come la greca ha Omero; e facendo altramente siamo a peggior condizione che non sono gli oltramontani, li quali essaltano e riveriscono sommamente la nostra lingua latina e tanto ne apprendono quanto possono adoprar l'ingegno; il quale, se pare in loro fosse al disio, mi rendo certo che di breve la Germania e la Gallia produrrebbe di molti veri Virgilii. Ma noi altri suoi cittadini, colpa e vergogna del nostro poco giudizio, non solamente non l'onoriamo, ma a guisa di persone sediziose tuttavia procuriamo di cacciarla della sua patria e in suo luoco far sedere quest'altra, della quale (per non dir peggio) non si sa né patria né nome.

Corteg. A me pare, messer Lazaro, che le vostre ragioni persuadano altrui a non parlar mai volgarmente; la qual cosa non si può fare, salvo se non si fabricasse una nuova città, la quale abitassero i litterati, ove non si parlasse se non latino. Ma qui in Bologna chi non parlasse volgare, non arebbe chi l'intendesse e parrebbe un pedante, il quale con gli artigiani facesse il Tullio fuor di proposito

Laz. Anzi, voglio che così come per li granari di questi ricchi sono grani d'ogni maniera, orzo, miglio, frumento e altre biade sì fatte, delle quali altre mangiano gl'uomini, altre le bestie di quella casa; così si parli diversamente or latino, or volgare, ove e quando è mestieri. Onde se l'uomo è in piazza, in villa o in casa, col vulgo, co' contadini, co' servi, parli volgare e non altramente; ma nelle scole delle dottrine e tra i dotti, ove possiamo e debbiamo esser uomini, sia umano, cioè latino, il ragionamento. E altrettanto sia detto della scrittura, la quale farà volgar la necessità, ma la elezione latina, massimamente quando alcuna cosa scrivemo per disiderio di gloria, la quale mal ci pò dar quella lingua che nacque e crebbe con la nostra calamità, e tuttavia si conserva con la ruina di noi.

BEM. Troppo aspramente accusate questa innocente lingua, la quale pare che molto più vi sia in odio che non amate la latina e la greca. Peroché ove ci avevate promesso di lodar quelle principalmente e la toscana alcuna volta, venendo il caso, vituperare, ora avete fatto in contrario: quelle non avete lodato e questa una fieramente ci biasimate, e per certo a gran torto, peroché ella non è punto sì barbara né sì priva di numero e d'armonia, come la ci avete dipinta. Ché se la origine di lei fu barbara da principio, non volete voi che in ispazio di quattrocento o cinquecento anni sia divenuta cittadina d'Italia? Per certo sì; altramente li Romani medesimi, li quali di Frigia cacciati vennero ad abitare in Italia, sarebbero barbari; le persone, i costumi e la lingua loro sarebbe barbara; l'Italia, la Grecia e ogni altra provincia, quantunque mansueta e umana, si potrebbe dir barbara, se l'origine delle cose fosse bastante di recar loro questa infame denominazione. Confesso adunque la lingua nostra materna essere una certa adunanza non confusa ma regolata di molte e diverse voci, nomi, verbi e altre parti d'orazione; le quali primieramente da strane e varie nazioni in Italia disseminate, pia e artificiosa cura de' nostri progenitori insieme raccolse, e ad un suono, ad una norma, ad un ordine sì fattamente compose che essi ne formarono quella lingua, la quale ora è propria nostra, e non d'altri; imitando in questo la madre nostra natura, la quale di quattro elementi diversi molto fra loro per qualità e per sito ci ha formati noi altri più perfetti e più nobili che gli elementi non sono. Imaginatevi, messer Lazaro, di vedere l'imperio, la degnità, le ricchezze, le dottrine e finalmente le persone e la lingua d'Italia in forza de' barbari in maniera che il trarla lor de le mani sia cosa quasi impossibile: voi non vorrete vivere al mondo? mercantare? studiare? parlare voi e vostri figliuoli? Ma lasciando da parte l'altre cose, parlarete latino, cioè in guisa che non v'intendano i Bolognesi, o parlarete in maniera che altri intenda e risponda? Dunque una volta il parlar volgarmente era forza in Italia, ma in processo di tempo fece l'uomo (come si dice) di quella forza e necessità l'arte e l'industria della sua lingua. E così come nel principio del mondo gli uomini dalle fere si difendevano fuggendo e uccidendo senza altro, or passando più oltre a benefizio e ornamento della persona ci vestiamo delle lor pelli; così da prima, a fine solamente d'essere intesi da chi regnava, parlavamo volgare, ora a diletto e a memoria del nostro nome parliamo e scriviamo volgare. Oh, egli sarebbe meglio che si ragionasse latino, non lo nego; ma meglio sarebbe ancora che i barbari mai non avessero presa né distrutta l'Italia e che l'imperio di Roma fosse durato in eterno. Dunque sendo altramente, che si dee fare? Vogliam morir di dolore? Restar mutoli? E non parlar mai, fin che torni a rinascere Cicerone e Virgilio? Le case, i tempii e finalmente ogni artificio moderno, i disegni, i ritratti di metallo e di marmo non sono da esser pareggiati agli antichi: dovemo però abitare tra' boschi? Non dipingere, non fundere, non isculpire, non sacrificare, non adorar Dio? Basta a l'uomo, messer Lazaro mio caro, che egli faccia ciò che egli sa e può fare, e si contenti delle sue forze. Consiglio adunque e ammonisco ciascuno che egli impare la lingua greca e latina, quelle abbracce, quelle abbia care, e con l'aiuto di quelle studie a farsi immortale. Ma a tutti quanti non ha partito ugualmente Domenedio né l'ingegno né 'l tempo. Più vi vo' dire: sarà alcuno per aventura, cui né natura né industria non mancherà; nulladimeno egli serà quasi che dalle stelle inclinato a parlare e scriver meglio volgare che non latino in un soggetto e in una materia medesma. Che dee fare egli? Che ciò sia il vero, vedete le cose latine del Petrarca e del Boccaccio, e agguagliatele alle loro volgari: di quelle niuna peggiore, di queste niuna migliore giudicarete. Dunque, da capo consiglio e ammonisco voi, messer Lazaro, scrivere e parlare latino, come quello che assai meglio scrivete e parlate latino che non volgare; ma voi gentiluomo, il quale o la prattica della corte o l'inclinazione del vostro nascimento stringe a far altramente, altramente consiglio; e facendo altramente non solamente non viverete inonorato, ma tanto più glorioso quanto scrivendo e parlando bene volgare, almeno a' volgari sarete caro; ove malamente scrivendo e parlando latino, vile sareste a' dotti parimente e indotti. Né vi persuada l'eloquenzia di messer Lazaro più tosto a divenir mutolo che componere volgarmente, peroché così la prosa come il verso della lingua moderna è in alcune materie poco meno numerosa e di ornamenti capace della greca e della latina. I versi hanno lor piedi, lor armonia, lor numeri; le prose il lor flusso di orazione, le lor figure e le loro eleganzie di parlare; repetizioni, conversioni, complessioni e altre tai cose; per le quali non è forse, come credete, diversa una lingua dall'altra, ché se le parole sono diverse, l'arte del comporle e dell'adunarle è una cosa medesma nella latina e nella toscana. Se messer Lazaro ci negasse questo, io li domanderei: onde è adunque che le cento novelle non sono belle egualmente, né i sonetti del Petrarca tutti parimente perfetti? Certo bisognarebbe che egli dicesse niuna orazione, niun verso toscano non esser né più brutto, né più bello dell'altro e per conseguente il Serafino esser eguale al Petrarca, o veramente confessarebbe fra le molte composizioni volgari alcuna più, alcuna meno elegante e ornata dell'altra trovarsi: la qual cosa non sarebbe così quando elle fossero del tutto prive dell'arte de l'orare e del poetare.

Laz. Monsignore, io negai la lingua moderna aver in sé numero, né ornamento, né consonanzia, e lo nego di nuovo, non per esperienzia ch'io n'abbia ma per ragione; ché se l'uomo, senza punto saper sonare né tamburo né tromba, solo che e' gli oda una volta, per la loro spiacevolezza può giudicare quelli non essere strumenti atti a fare armonia né ballo; così udendo e formando per me medesimo queste parole volgari, al suono di ciascuna di loro separata dall'altre, senza ch'io le compona altramente, assai bene comprendo che diletto possano recare agl'orecchi degli ascoltanti le prose e i versi che se ne fanno: vero è che questo giudicio non l'ha ogn'uno, ma coloro solamente i quali sono usati a ballare al suono dei leuti e dei violoni. E' mi ricorda, essendo una volta in Venezia, ove erano giunte alcune navi de' Turchi, udire in quelle un rumore di molti strumenti; del quale né 'l più spiacevole né 'l più noioso non udi' mai alla vita mia; nondimeno a coloro che non sono usi alle delizie d'Italia parea quella una dolce musica. Altrotanto si può dire della numerosità dell'orazione e del verso di questa lingua. Alcuna volta qualche consonanzia vi si ritrova che meno ingrata e men brutta fa l'una dell'altra; ma quella in sé è armonia e musica di tamburi, anzi d'archibusi e di falconetti, che introna altrui l'intelletto e fere e stroppia sì fattamente che egli non è più atto a ricevere impressione di più delicato strumento, né secondo quello operare. Per la qual cosa chi non ha tempo o vertù di sonare i leuti e i violini della latina, più tosto si de' stare ozioso che por mano ai tamburi e alle campane della volgare, imitando l'essempio di Pallade, la quale, per non si distorcere nella faccia sonando, gittò via la piva, di che era stata inventrice, e fu a lei più gloria il partirla da sé e non degnar d'appressarlasi alla sua bocca che non fu utile a Marsia il ricoglierla e sonarla; onde ne perdette la pelle. Vero diceste, Monsignore, que' primi antichi Toscani essere stati sforzati a parlare in questa maniera, non volendo con silenzio trapassar la lor vita, e che noi altri posteriori abbiamo fatto dell'altrui forza nostra virtù. Questo è vero, ma maggior laude dà altrui quella violenzia che a noi non reca questa vertù. Gloria fu a loro l'esser solerti nelle miserie, ma biasmo e scorno è a noi altri, ora che liberi semo, il dar ricetto e conservare lungamente un perpetuo testimonio della nostra vergogna, e quello non solamente nudrire ma ornare; altro non essendo questa lingua volgare che uno indizio dimostrativo della servitù degl'Italiani. Guerreggiando una volta la vostra Republica, e non le bastando l'oro e l'argento a pagare i soldati, fece (come si dice) stampare gran quantità di denari di cuoio cotto col conio di San Marco; e con quelli sostentò e vinse la guerra: e fu sapienzia veneziana questa. Ma se a tempo di pace avessero continuato a spendere questa moneta e a farla di giorno in giorno più bella e di miglior corame, già sarebbe convertita in avarizia la sapienzia. Ora, se alcuno ci avesse il quale, sprezzato l'oro e l'argento, facesse del cuoio tesoro, non sarebbe egli pazzo costui? sì, veramente. Ma noi altri cui, mancando il tesoro latino, la nostra calamità fece provedere di moneta volgare, quella non ci basta di spendere tuttavia col volgo, che altra non ne conosce né tocca, ma, venutone fatto di ricovrar le perdute ricchezze, lei tuttavia conserviamo e nei secreti dell'anima nostra, ove solevamo serrar l'oro e l'argento di Roma, diamo ricetto alle reliquie di tutta la barbarie del mondo.

Corteg. A me pare, messer Lazaro, che questo non sia né lodar la lingua latina, né vituperar la volgare, ma più tosto un certo lamentarsi della ruina d'Italia; la qual cosa come è poco fruttuosa, così è molto discosta dal nostro proponimento; onde non vi vedo partir volentieri.

Laz. Parvi che 'l biasmo sia poco, quando io congiungo il nascimento di lei alla destruzzione dell'imperio e del nome latino? e l'accrescimento di lei al mancamento del nostro intelletto? Già me non laudarete in questa maniera, per farmi piacere.

Corteg. Ciò non giudico biasimo ma meraviglia più tosto, ché gran cosa dee esser quella, di cui non può l'uomo parlare, tacendo la roina di Roma che fu capo del mondo! E che questo sia vero, poniamo che non i barbari ma i Greci l'avessero disfatta e che da indi in qua parlassero ateniese gl'Italiani, voi biasimareste la lingua attica, peroché l'uso di lei fosse congiunto alla servitù nostra?

Laz. Se ciò stato fosse, non sarebbe suta guasta ma riformata l'Italia, per che non solamente non biasimerei il disfacimento di questo imperio, ma lodarei Dio, che lui avesse voluto ornare di linguaggio convenevole alla sua dignità.

CORTEG. Dunque, maggiore è il danno d'aver perduta la lingua che la libertà?

LAZ. Sì, senza dubio, peroché in qualunche stato sia l'uomo, o franco o soggetto, sempremai è uomo, né dura più d'uomo; ma la lingua latina ha vertù di fare d'uomini dèi e di morti, non che di mortali che siamo, immortali per fama. E che ciò sia vero, l'imperio romano, che si distese per tutto, è già guasto, ma la memoria della grandezza di lui, conservata nell'istorie di Salustio e di Livio, dura ancora e durerà fin che 'l cielo si moverà; e altrotanto si può dire dell'imperio e della lingua de' Greci.

CORTEG. Questa vertù di far le persone famose per molti seculi non l'ha, che io creda, la istoria greca e latina come greca e latina, ma come istoria che ella è; la quale, in qualunche idioma sia scritta da alcuno, è sempremai (come alcun dice) testimonio del tempo, luce della verità, vita della memoria, maestra della vita d'altrui e rinovellamento dell'antichità.

Laz. Voi dite il vero, non esser propria questa vertù dell'istorie grece e latine, non che altra lingua ne sia partecipe; ma percioché tutte l'istorie grece e latine non hanno avuto tal privilegio, ma quelle solamente le quali artificiosamente compose alcuno uomo eloquente, sendo perfette quelle due lingue. Onde gli annali di Roma, li quali senza alcuno ornamento, con semplici e ancora rozze parole, narravano gl'avenimenti di lei, non durarono molti anni; né di loro si parlarebbe, se altro scrittore, quasi da compassione mosso, non ne facesse parola. Dunque, se quelli il tempo ha fatto divenir nulla, li quali assai dovevano aver d'eleganzia, essendo scritti latinamente, or che fia dell'istorie volgari, cui né naturale dolcezza di lingua né artificiosa eloquenzia di scrittori non può far care né graziose giamai?

CORTEG. Non intendo ancora ben bene in che cosa consista la soavità della lingua e delle parole latine, e la barbarica spiacevolezza delle volgari; anzi, confessandovi liberamente la mia ignoranzia, grandissimo numero de' nomi e participii latini con loro strana pronunziazione le più volte mi suonano non so che bergamasco nel capo; altrotanto sogliono fare alcuni modi e tempi de' verbi; alle quali parole una simile delle volgari la nostra Corte Romana non degnerebbe di proferire.

LAZ. Io vi ricordo, gentil'uomo, che l'auttorità concistoriale non è giudice competente del suono e degl'accenti delle parole latine, onde se alcuna volta la lingua latina le pare tener della bergamasca, ella non è però bergamasca; né perché tale sia giudicata più vi dovete meravigliare che già vi siate meravigliato, avendo letto in Ovidio Mida Re più solere lodare lo stridere delle cannucce di Pan che la soavità della cetra d'Apollo.

CORTEG. Ecco, io son contento di confessarvi che le mie orecchie in tal caso non siano umane ma d'asino, se voi mi dite per qual cagione la numerosità e consonanzia dell'orazioni e de' versi di questa lingua chiamaste musica d'archibusi, conciosia cosa che i gran maestri di canto, cui è propria professione l'armonia, rade volte o non mai fanno canto o mottetto che le parole di lui non siano sonetti o canzoni volgari. Questo è pur segno che i nostri versi son da sé pieni di melodia.

Laz. Già non è, gentil'uomo (come forse pensate), l'armonia del canto e quella delle prose e de' versi una cosa medesima, ma molte sono e diverse; onde non solamente delle cose volgari ma de' *chirie* ancora e dei *santus* si fanno canti e mottetti, della cui armonia generalmente s'intende ogni orecchia; peroché quali sono i sapori alla lingua, e agl'occhi e al naso i colori e gl'odori, tale è il suono agl'orecchi degl'uomini, li quali per lor natura e senza studio veruno facilmente discernono tra 'l piacevole e 'l dispiace vole. Ma il numero e l'armonia dell'orazione e del verso latino non è altro che artificiosa disposizione di parole, dalle cui sillabe, secondo la brevità e la lunghezza di quelle, nascono alcuni numeri, che noi altri chiamiamo piedi; onde misuratamente camina dal principio alla fine il verso e l'orazione. E sono di diverse maniere questi tai piedi, facendo i lor passi lunghi e corti, tardi e veloci, ciascheduno al suo modo, e è bell'arte quelli insieme adunare sì fattamente che non discordino fra sé stessi, ma l'uno all'altro e tutti insieme siano conformi al soggetto; peroché d'alcune materie alcuni piedi sono quasi peculiari, e fra lor piedi quali meglio, quali peggio s'accompagnano al loro viaggio, e qualunche persona quelli a caso congiugne, non avendo riguardo né alla natura di quelli né alle cose di che intende di ragionare, i versi e l'orazioni sue nascono zoppe, e non dovrebbe nutrirgli. E di questa cotal melodia non ne sono capaci gl'orecchi del vulgo, né lei altresì possono formare le voci della lingua volgare, la cui prosa io non so dire per qual ragione sia numerosa chiamata, se l'uomo in lei o non s'accorge o non cura né di spondei né di dattili né di trochei né d'anapesti e finalmente di niuna maniera di piedi, onde si move l'orazione ben regolata. Veramente questa nuova bestia di prosa volgare o è senza piedi e sdrucciola a guisa di biscia o ha quelli di specie diversa molto dalla greca e dalla latina; e per conseguente di così fatto animale, come di mostro a caso creato oltra il costume e l'intenzione d'ogni buono intelletto, non si dovrebbe fare né arte né scienzia. I versi veramente, in quanto son fatti d'undici sillabe, non paiono in tutto privi di piedi, ché le sillabe in loro hanno luogo e officio di piedi; ma in quanto quelle cotali possono esser lunghe e brevi a lor voglia, mai non dirò che sia diritto il lor calle, salvo se Monsignor non dicesse le rime esser l'appoggio de' versi, che gli sostengono e fanno andare dirittamente. La qual cosa non mi par vera, peroché, per quello ch'io n'oda dire, le rime sono più tosto come catena al sonetto e alla canzone che piedi o mani di versi loro. E tanto voglio che ne sia detto da me, brevemente certo per rispetto a quello che se ne può ragionare, ma a bastanza, se alla vostra richiesta, e troppo forse, se alla presenza di Monsignore si riguarderà, il quale meglio di me conosce e può numerare i difetti di questa lingua.

Bem. Questa cosa di numeri come si stia e se così la prosa come il verso toscano n'ha la sua parte e in che modo la si abbia, per essere assai facile da vedere ma lontana dal nostro proponimento, ora con esso voi non intendo di disputarla; anzi confessando quello esser vero, che ne diceste, non tanto perché sia vero quanto perché si veda ciò che ne segue, io vi dico questa lingua moderna, tutto che sia attempatetta che no, esser però ancora assai picciola e sottile verga, la quale non ha appieno fiorito, non che frutti produtti che ella può fare: certo non per difetto della natura di lei, essendo così atta a generar come le altre, ma per colpa di loro che l'ebbero in guardia, che non la coltivorno a bastanza,. ma a guisa di pianta selvaggia, in quel medesimo deserto ove per sé a nascere cominciò, senza mai né adacquarla né potarla né difenderla dai pruni che le fanno ombra, l'hanno lasciata invecchiare e quasi morire. E se que' primi antichi Romani fossero stati sì negligenti in coltivare la latina quando a pullular cominciò, per certo in sì poco tempo non sarebbe divenuta sì grande; ma essi, a guisa di ottimi agricoltori, lei primieramente tramutarono da luogo selvaggio a domestico; poi, perché e più tosto e più belli e maggior frutti facesse, levandole via d'attorno le inutili frasche, in loro scambio l'innestarono d'alcuni ramuscelli maestrevolmente detratti dalla greca; li quali subitamente in guisa le s'appiccarono e in guisa si ferno simili al tronco, che oggimai non paiono rami adottivi ma naturali. Quindi nacquero in lei que' fiori e que' frutti sì coloriti dell'eloquenzia, con quel numero e con quell'ordine istesso il quale tanto essaltate; li quali, non tanto per sua natura quanto d'altrui artificio aiutata, suol produrre ogni lingua. Peroché 'l numero, nato per magistero di Trasimaco, di Gorgia, di Teodoro, Isocrate finalmente fece perfetto. Dunque se greci e latini uomini, più solleciti alla coltura della lor lingua che noi non semo alla nostra, non trovarono in quelle, se non dopo alcun tempo e dopo molta fatica, né leggiadria né numero, già non de' parer meraviglia, se noi ancora non n'avemo tanto che basti nella volgare; né quindi de' prender uomo argumento a sprezzarla come vil cosa e da poco. Oh, la latina è migliore d'assai! Oh, quanto sarebbe meglio dir fu e non è, ma sia stata per lo passato e sia ancor tuttavia sì gentil cosa! Tempo forse verrà che d'altra tanta eccellenzia fia la volgare dotata; ché, se per essere a' nostri giorni di niuno stato e men gradita, non si dovesse apprezzare, la greca, la quale era già grande sul nascimento della latina, ne' nostri animi non dovea lasciar fermare le radici d'un'altra lingua novella; e altrettanto direi della greca, per rispetto alla ebrea: concluderebbesi finalmente dalle vostre premisse dover essere al mondo sola una lingua, e non più, onde scrivessero e parlassero li mortali; e avverrebbe che ove voi credereste d'argumentar solamente contra la lingua toscana, e quella con vostre ragioni estirpare del mondo, voi parlareste eziandio contra la latina e la greca. Benché questa pugna si estenderebbe non solamente contra i linguaggi del mondo, ma contra Dio, il quale *ab eterno* diede per legge immutabile ad ogni cosa criata non durare eternamente, ma di continuo d'uno in altro stato mutarsi, ora avanzando e ora diminuendo, finché finisca una volta, per mai più poscia non rinovarsi. Voi mi direte: troppo indugia oggimai la perfezzione della lingua materna; e io vi dico che così è come dite; ma tale indugio non dee far credere altrui esser cosa impossibile che ella divenga perfetta; anzi vi può far certo lei doversi lungo tempo godere la sua perfezzione, qualora egli avverrà ch'ella se l'abbia acquistata. Ché così vuol la natura, la quale ha diliberato che qual arbor tosto nasce, fiorisce e fa frutto, tale tosto invecchie e si muoia; e in contrario che quello duri per molti anni, il quale lunga stagione arà penato a far fronde. Sarà adunque la nostra lingua, in conservarsi la sua dovuta perfezzione lungamente disiderata e cercata, simile forse ad alcuni ingegni, li quali, quanto men facilmente apprendono le dottrine, tanto difficilmente le si lasciano uscire della memoria. Oh, ella è testimonio della nostra vergogna, essendo venuta in Italia insieme con la roina di lei! Più tosto ella è testimonio della nostra solerzia e del nostro buono ardimento; ché, così come, venendo Enea da Troia in Italia, ad onor si recò lasciare scritto in un certo trofeo drizzato da lui, quelle essere state l'armi de' vincitori della sua patria; così vergogna non ci può essere l'aver cosa in Italia tolta di mano a coloro che noi tolsero di libertà. Direi, finalmente, quando esser volessi maligno, più tosto doversi adorar dalle genti il sole oriente che l'occidente. La lingua greca e latina già esser giunte all'occaso, né quelle esser più lingue, ma carta solamente e inchiostro, ove quanto sia difficile cosa l'imparare a parlare, ditelo voi per me, che non osate dir cosa latinamente con altre parole che con quelle di Cicerone. Onde, quanto parlate e scrivete latino non è altro che Cicerone trasposto più tosto da carta a carta che da materia a materia; benché questo non è sì vostro peccato che egli non sia anche mio e d'altri assai e maggiori e migliori di me; peccato però non indegno di scusa, non possendo farsi altramente. Ma queste poche parole dette da me contra la lingua latina per la volgare non dissi per vero dire; solo volsi mostrare quanto bene difenderebbe questa lingua novella, chi per lei far volesse difesa, quando a lei non manca né core né armi d'offendere l'altrui.

CORTEG. Parmi, Monsignor, che così temiate di dir male della lingua latina, come se ella fosse la lingua del vostro Santo da Padova; alla quale è di tanto conforme che, come quella fu di persona già viva, la cui santità è cagione che ora, posta in un tabernacolo di cristallo, sia dalle genti adorata, così questa degna reliquia del capo del mondo Roma, guasto e corrotto già molto tempo, quantunque oggimai fredda e secca si taccia, nondimeno fatta idolo d'alcune poche e superstiziose persone, colui da loro non è cristiano tenuto, che non l'adora per dio. Ma adoratela a vostro senno, solo che non parliate con esso lei; e volendo tenerla in bocca, così morta come è, siavi lecito di poterlo fare; ma parlate tra voi dotti le vostre morte latine parole, e a noi idioti le nostre vive volgari, con la lingua che Dio ci diede, lasciate in pace parlare.

BEM. Dovevate, per agguagliarla compitamente alla lingua di qualche santo, soggiungere qualmente l'orazioni di Cicerone e i versi di Virgilio le sono degni e preziosissimi tabernacoli; onde lei come cosa beata riveriamo e inchiniamo. Ma per certo né l'una né l'altra non meritava che la teneste per morta, operando tutt'ora ne' corpi nostri e nell'anime quella salute, questa virtute. Con tutto ciò lodo sommamente la nostra lingua volgare, cioè toscana; accioché non sia alcuno che intenda della volgare di tutta Italia: toscana dico, non la moderna che usa il vulgo oggidì, ma l'antica, onde sì dolcemente parlorno il Petrarca e il Boccaccio; ché la lingua di Dante sente bene e spesso più del lombardo che del toscano; e ove è toscano, è più tosto toscano di contado che di città. Dunque di quella parlo, quella lodo, quella vi persuado apparare; quantunque ella non sia giunta alla sua vera perfezzione, ella nondimeno le è già venuta sì presso che poco tempo vi è a volgere: ove poi che arrivata sarà, non dubito punto che, quale è nella greca e nella latina, tale fia in lei virtù di far vivere altrui mirabilmente dopo la morte. E allora sì le vedremo noi fare di molti, non tabernacoli, ma tempii e altari, alla cui visitazione concorrerà da tutte le parti del mondo brigata di spiriti pellegrini, che le faranno lor voti e saranno esauditi da lei.

Corteg. Dunque, se io vorrò bene scrivere volgarmente, converrami tornare a nascer toscano?

Bem. Nascer no, ma studiar toscano; ché egli è meglio per aventura nascer lombardo che fiorentino, peroché l'uso del parlar tosco oggidì è tanto contrario alle regole della buona toscana, che più noce altrui l'esser natio di quella provincia, che non gli giova.

Corteg. Dunque, una persona medesma non può esser tosca per natura e per arte?

Bem. Difficilmente per certo; essendo l'usanza, che per lunghezza di tempo è quasi convertita in natura, diversa in tutto dall'arte. Onde, come chi è giudeo o eretico, rade volte diviene buon cristiano, e più crede in Cristo chi nulla credeva quando fu battezzato; così qualunche non è nato toscano può meglio imparare la buona lingua toscana, che colui non fa, il quale da fanciullo in su sempremai parlò perversamente toscano.

CORTEG. Io, che mai non nacqui né studiai toscano, male posso rispondere alle vostre parole; nondimeno a me pare che più si convenga col vostro Boccaccio il parlar fiorentino moderno, che non fa il bergamasco. Onde egli potrebbe esser molto bene che uomo nato in Melano, senza aver mai parlato alla maniera lombarda, meglio apprendesse le regole della buona lingua toscana, che non farebbe il fiorentino per patria; ma che egli nasca e parle lombardo oggidì e diman da mattina parle e scriva regolatamente toscano meglio e più facilmente del toscano medesimo, non mi può entrare nel capo; altramente al tempo antico, per bene parlare greco e latino, sarebbe stato meglio nascere spagnolo che romano, e macedone che ateniese.

BEM. Questo no, perché la lingua greca e latina a lor tempo erano egualmente in ogni persona pure e non contaminate dalla barbarie dell'altre lingue, e così bene si parlava dal popolo per le piazze come tra' dotti nelle lor scole si ragionava. Onde egli si legge di Teofrasto, che fu l'un de' lumi della greca eloquenzia, essendo in Atene, alle parole essere stato giudicato forestiere da una povera feminetta di contado.

Corteg. Io per me non so come si stia questa cosa; ma sì vi dico che, dovendo studiare in apprendere alcuna lingua, più tosto voglio imparar la latina e la greca che la volgar; la quale mi con tento d'aver portato con esso meco dalla cuna e dalle fasce, senza cercarla altramente, quando tra le prose, quando tra' versi degli auttori toscani.

Bem. Così facendo, voi scriverete e parlarete a caso, non per ragione; peroché niuna altra lingua ben regolata ha l'Italia, se non quell'una di cui vi parlo.

CORTEG. Almeno dirò quello che io averò in core; e lo studio che io porrei in infilzar parolette di questo e di quello, sì lo porrò in trovare e disporre i concetti dell'animo mio, onde si deriva la vita della scrittura; ché male giudico potersi usare da noi altri a significare i nostri concetti quella lingua, tosca o latina che ella si sia, la quale impariamo e essercitiamo non ragionando tra noi i nostri accidenti, ma leggendo gli altrui. Questo a' dì nostri chiaramente si vede in un giovane padovano di nobilissimo ingegno, il quale, benché talora con molto studio che egli vi mette, alcuna cosa componga alla maniera del Petrarca e sia lodato dalle persone, nondimeno non sono da pareggiare i sonetti e le canzon di lui alle sue comedie, le quali nella sua lingua natia naturalmente e da niuna arte aiutate par che e' gli eschino della bocca. Non dico però che uomo scriva né padovano né bergamasco, ma voglio bene che di tutte le lingue d'Italia possiamo accogliere parole e alcun modo di dire, quello usando come a noi piace, sì fattamente che 'l nome non si discordi dal verbo, né l'adiettivo dal sostantivo: la qual regola di parlare si può imparare in tre giorni, non tra' grammatici nelle scole ma nelle corti co' gentiluomini, non istudiando ma giuocando e ridendo senza alcuna fatica, e con diletto de' discepoli e de' precettori.

Bem. Bene starebbe, se questa guisa di studio bastasse altrui a far cosa degna di laude e di meraviglia; ma egli sarebbe troppo leggera cosa il farsi eterno per fama, e il numero de' buoni e lodati scrittori in piccol tempo diventerebbe molto maggiore, che egli non è. Bisogna, gentiluomo mio caro, volendo andar per le mani e per le bocche delle persone del mondo, lungo tempo sedersi nella sua camera; e chi, morto in sé stesso, disia di viver nella memoria degli uomini, sudare e agghiacciar più volte, e quando altri mangia e dorme a suo agio, patir fame e vegghiare.

Corteg. Con tutto ciò non sarebbe facil cosa il divenir glorioso, ove altro bisogna che saper favellare. Che ne dite voi, messer Lazaro? Io per me son contento, contentandosi Monsignore, che la vostra sentenza ponga fine alle nostre liti.

Laz. Cotesto non farò io, ché io vorrei che i difensori di questa lingua volgare fossero discordi tra loro, acciò che quella, a guisa di regno partito, più agevolmente rovinassero le dissensioni civili.

Corteg. Dunque, aiutatemi contra all'oppenion di Monsignore, mosso non solamente dall'amor della verità, la quale dovete amare e riverire sopra ogni cosa, ma dall'odio che voi portate a questa lingua volgare, ché, vincendolo, vincerete il miglior difensore della lingua volgare, che abbia oggidì la sua dignità; dal giudicio del quale prende il mondo argumento d'impararla e usarla.

Laz. Combattete pur tra voi due, acciò che con quelle armi medesme, che voi oprate contra la latina e la greca, la vostra lingua volgare si ferisca e si estingua.

Corteg. Monsignore, né a voi sarebbe gloria vincer me, debole combattitore e già stanco nella battaglia dianzi avuta con messer Lazaro, né a me fia vergogna l'essere aiutato d'altrui incontra all'auttorità e dottrina vostra, le quali ambedue insieme mi danno guerra sì fattamente ch'io non conosco qual più. Per che, non volendo messer Lazaro congiurar con esso meco a difendermi, prego voi, signore Scolare, che con sì lungo silenzio e sì attentamente ci avete ascoltati, che, avendo alcuna arme con la quale voi mi possiate aiutare, siate contento di trarla fuori per me; ché, poi che questa pugna non è mortale, potete entrarvi senza paura, aecostandovi a quella parte che più vi piace, benché più tosto vi dovete accostare alla mia, ove sete richiesto e ove è gloria l'esser vinto da così degno avversario.

Scol. Gentiluomo, io non parlai fin ora, peroché io non sapea che mi dire, non essendo mia professione lo studio delle lingue; ma volentieri ascoltai bramando e sperando pur d'imparare. Dunque, avendo a combattere in difesa d'alcuna vostra sentenza, non vi possendo aiutare, io vi consiglio che senza me combattiate; ché egl' è meglio per voi il combatter solo, che da persona accompagnato, la quale come inesperta dell'armi, cedendo in sul principio della battaglia, vi dia cagione di temere e farvi dare al fuggire.

Corteg. Con tutto ciò, se mi potete aiutare, che appena credo che sia altramente, sendo stato sì attento al nostro contrasto, aiutatemi, ché io ve ne prego; salvo se non sprezzate tal quistione come vil cosa e di sì poco valore che non degniate di entrare in campo con esso noi.

Scol. Come non degnarei di parlar di materia, di che il Bembo al presente e altra volta il Peretto, mio precettore, insieme con messer Lascari con non minor sapienzia che eleganzia ne ragionò? Troppo mi degnarei, se io sapessi, ma d'ogni cosa io so poco e delle lingue niente; come quello che della greca conosco appena le lettere e della lingua latina tanto solamente imparai quanto bastasse per farmi intendere i libri di filosofia d'Aristotele; li quali, per quello che io n'oda dire da messer Lazaro, non sono latini ma barbari; della volgare non parlo, ché di sì fatti linguaggi mai non seppi, né mai curai di sapere, salvo il mio padovano, del quale, dopo il latte della nutrice, mi fu il vulgo maestro.

Corteg. Pur a voi converrà di parlar, se non altro quello almeno che n'apparaste dal Peretto e dal Lascari, li quali così saviamente (come voi dite) parlarono intorno a questa materia.

Scol. Poche cose, delle infinite che a tal materia partengono, pò imparare in un giorno chi non le ascolta per imparare, pensando che non bisogni impararle.

BEM. Ditene almeno quel poco che vi rimase nella memoria, ché a me fie caro l'intenderlo.

Laz. Volentieri in tal caso udirò recitare l'oppenione del mio maestro Peretto; il quale, avvegna che niuna lingua sapesse dalla mantovana infuori, nondimeno come uomo giudizioso e uso rade volte a ingannarsi, ne può aver detto alcuna cosa col Lascari, che l'ascoltarla mi piacerà. Pregovi adunque che, se niente ve ne ricorda, alcuna cosa del suo passato ragionamento non vi sia grave di riferirne.

Scol. Così si faccia, poi che vi piace; ché anzi voglio esser tenuto ignorante, cosa dicendo non conosciuta da me, che discortese, rifiutando que' prieghi che deono essermi commandamenti. Ma ciò si faccia con patto che, come a me non è onore il riferirvi gli altrui dotti ragionamentí, così il tacerne alcuna parola, la quale d'allora in qua mi sia uscita della memoria, non mi sia scritto a vergogna.

Corteg. Ad ogni patto mi sottoscrivo, pur che diciate.

Scol. L'ultima volta che messer Lascari venne di Francia in Italia, stando in Bologna, ove volentieri abitava, e visitandolo il Peretto, come era uso di fare, un dì tra gli altri, poi che alquanto fu dimorato con esso lui, lo dimandò messer Lascari:

Lasc. Vostra eccellenza, maestro Piero mio caro, che legge quest'anno?

Per. Signor mio, io leggo i quattro libri della Meteora d'Aristotile.

Lasc. Per certo bella lettura è la vostra; ma come fate d'espositori?

Per. De' latini non troppo bene, ma alcun mio amico m'ha servito d'uno Alessandro.

Lasc. Buona elezzione faceste, peroché Alessandro è Aristotile dopo Aristotile. Ma io non credeva che voi sapeste lettere grece.

Per. Io l'ho latino, non greco.

Lasc. Poco frutto dovete prenderne.

Per. Perché?

Lasc. Perché io giudico Alessandro Afrodiseo greco, come è tanto diverso da sé medesmo, poi che latino è ridotto, quanto vivo da morto.

Per. Questo potrebbe esser che vero fosse; ma io non vi faceva differenzia, anzi pensava che tanto mi dovesse giovare la lezzione latina e volgare (se volgare si ritrovasse Alessandro) quanto a' Greci la greca, e con questa speranza incominciai a studiarlo.

Lasc. Vero è che egl'è meglio che voi l'abbiate latino, che non l'abbiate del tutto. Ma per certo la vostra dottrina sarebbe il doppio e maggiore e migliore, che ella non è, se Aristotile e Alessandro fosse letto da voi in quella lingua nella quale l'uno scrisse e l'altro l'espose.

Per. Per qual cagione?

Lasc. Percioché più facilmente e con maggiore eleganzia di parole sono espressi da lui i suoi concetti nella sua lingua che nell'altrui.

Per. Vero forse direste se io fossi greco, sì come nacque Aristotile; ma che omo lombardo studie greco per dover farsi più facilmente filosofo, mi par cosa non ragionevole, anzi disconvenevole, non iscemandosi punto ma raddoppiandosi la fatica dell'imparare; percioché meglio e più tosto può studiar lo scolare loica sola o solamente filosofia, che non farebbe dando opera alla grammatica, spezialmente alla greca.

Lasc. Per questa istessa ragione non dovevate imparar né latino né greco, ma solamente il volgare mantovano, e con quello filosofare.

Per. Dio volesse, in servigio di chi verrà dopo me, che tutti i libri di ogni scienzia, quanti ne sono greci e latini e ebrei, alcuna dotta e pietosa persona si desse a fare volgari: forse i buoni filosofanti sarebbero in numero assai più spessi che a' dì nostri non sono, e la loro eccellenzia diventarebbe più rara.

Lasc. O non v'intendo o voi parlate con ironia.

Per. Anzi parlo per dire il vero, e come uomo tenero dell'onor degl'Italiani; ché se l'ingiuria de' nostri tempi, così presenti come passati, volle privarmi di questa grazia, Dio mi guardi che io sia sì pieno né così arso d'invidia che io disideri di privarne chi nascerà dopo me.

Lasc. Volentieri v'ascolterò, se vi dà il cor di provarmi questa nuova conclusione, ché io non la intendo, né la giudico intelligibile.

Per. Ditemi prima: onde è che gli uomini di questa età generalmente in ogni scienza son men dotti e di minor prezzo che già non furon gli antichi? Il che è contra il dovere, conciosia cosa che molto meglio e più facilmente si possa aggiugnere alcuna cosa alla dottrina trovata che trovarla da sé medesimo.

Lasc. Che si può dire altro, se non che andiamo di male in peggio?

PER. Questo è vero, ma le cagioni son molte, tra le quali una ve n'ha, e oso dire la principale: che noi altri moderni viviamo indarno gran tempo, consumando la miglior parte de' nostri anni, la qual cosa non avveniva agli antichi. E per distinguere il mio parlare, porto ferma oppenione che lo studio della lingua greca e latina sia cagione dell'ignoranzia, ché se 'l tempo, che intorno ad esse perdiamo, si spendesse da noi imparando filosofia, per avventura l'età moderna generarebbe quei Platoni e quegli Aristotili, che produceva l'antica. Ma noi vani più che le canne, pentiti quasi d'aver lasciato la cuna e esser uomini divenuti, tornati un'altra volta fanciulli, altro non facciamo diece e venti anni di questa vita che imparare a parlare chi latino, chi greco e alcuno (come Dio vuole) toscano; li quali anni finiti, e finito con esso loro quel vigore e quella prontezza, la quale naturalmente suol recare all'intelletto la gioventù, allora procuriamo di farci filosofi, quando non siamo atti alla speculazione delle cose. Onde, seguendo l'altrui giudicio, altra cosa non viene ad essere questa moderna filosofia che ritratto di quell'antica; però così come il ritratto, quantunque fatto d'artificiosissimo dipintore, non può essere del tutto simile alla idea, così noi, benché forse per altezza d'ingegno non siamo punto inferiori agli antichi, nondimeno in dottrina tanto siamo minori quanto lungo tempo stati sviati dietro alle favole delle parole, coloro finalmente imitiamo filosofando, alli quali alcuna cosa aggiugnendo dee avanzare la nostra industria.

Lasc. Dunque, se lo studio delle due lingue nuoce altrui sì malamente come voi dite, che si dee fare? Lasciarlo?

Per. Ora no, che non si potrebbe; percioché l'arti e le scienzie degl'uomini sono al presente nelle mani de' latini e de' greci; ma sì fare debbiamo per l'avenire, che d'ogni cosa per tutto 'l mondo possa parlare ogni lingua.

Lasc. Come, maestro Piero, che è ciò che voi dite? Dunque darebbevi il core di filosofare volgarmente? e senza aver cognizione della lingua greca e latina?

Per. Monsignor sì, pur che gli auttori greci e latini si riducessero italiani.

Lasc. Tanto sarebbe trasferir Aristotile di lingua greca in lombarda, quanto traspiantare un narancio o una oliva da un ben colto orticello in un bosco di pruni; oltra che le cose di filosofia sono peso d'altre spalle che da quelle di questa lingua volgare.

PER. Io ho per fermo che le lingue d'ogni paese, così l'arabica e l'indiana come la romana e l'ateniese, siano d'un medesmo valore e da' mortali ad un fine con un giudicio formate; che io non vorrei che voi ne parlaste come di cosa dalla natura prodotta, essendo fatte e regolate dallo artificio delle persone a bene placito loro, non piantate né seminate: le quali usiamo sì come testimoni del nostro animo, significando tra noi i concetti dell'intelletto. Onde tutto che le cose dalla natura criate e le scienzie di quelle siano in tutte quattro le parti del mondo una cosa medesma, nondimeno, perciò che diversi uomini sono di diverso volere, però scrivono e parlano diversamente; la quale diversità e confusione delle voglie mortali degnamente è nominata torre di Babel. Dunque, non nascono le lingue per sé medesme, a guisa di alberi o d'erbe, quale debole e inferma nella sua specie, quale sana e robusta e atta meglio a portar la soma di nostri umani concetti; ma ogni loro vertù nasce al mondo dal voler de' mortali. Per la qual cosa, così come senza mutarsi di costume o di nazione il francioso e l'inglese, non pur il greco e il romano si può dare a filosofare; così credo che la sua lingua natia possa altrui compitamente comunicare la sua dottrina.

Dunque, traducendosi a' nostri giorni la filosofia, seminata dal nostro Aristotile ne' buoni campi d'Atene, di lingua greca in volgare, ciò sarebbe non gittarla tra' sassi, in mezo a' boschi, ove sterile divenisse, ma farebbesi di lontana propinqua e di forestiera, che ella è, cittadina d'ogni provincia; forse in quel modo che le speziarie e l'altre cose orientali a nostro utile porta alcun mercatante d'India in Italia, ove meglio per avventura son conosciute e trattate che da coloro non sono, che oltra il mare le seminorno e ricolsero. Similmente le speculazioni del nostro Aristotile ci diverrebbono più famigliari che non sono ora, e più facilmente sarebbero intese da noi, se di greco in volgare alcun dotto omo le riducesse.

Lasc. Diverse lingue sono atte a significare diversi concetti, alcune i concetti d'i dotti, alcune altre degl'indotti. La greca veramente tanto si conviene con le dottrine che a dover quelle significare natura istessa, non umano provedimento, pare che l'abbia formata; e se creder non mi volete, credete almeno a Platone, mentre ne parla nel suo *Cratillo*. Onde ei si può dir di tal lingua che, quale è il lume a' colori, tale ella sia alle discipline: senza il cui lume nulla vedrebbe il nostro umano intelletto, ma in continua notte d'ignoranza si dormirebbe.

PER. Più tosto vo' credere ad Aristotile e alla verità, che lingua alcuna del mondo (sia qual si voglia) non possa aver da sé stessa privilegio di significare i concetti del nostro animo, ma tutto consista nello arbitrio delle persone. Onde chi vorrà parlar di filosofia con parole mantovane o milanesi, non gli può esser disdetto a ragione, più che disdetto gli sia il filosofare e l'intender la cagion delle cose. Vero è che, perché il mondo non ha in costume di parlar di filosofia se non greco o latino, già crediamo che far non possa altramente; e quindi viene che solamente di cose vili e volgari volgarmente parla e scrive la nostra età. Ma come i corpi e le reliquie di santi, non con le mani, ma con alcuna verghetta per riverenza tocchiamo; così i sacri misteri della divina filosofia più tosto con le lettere dell'altrui lingue che con la viva voce di questa nostra moderna ci moviamo a significare: il quale errore, conosciuto da molti, niuno ardisce di ripigliarlo. Ma tempo forse, pochi anni appresso, verrà che alcuna buona persona non meno ardita che ingeniosa porrà mano a così fatta mercatantia; e per giovare alla gente, non curando dell'odio né della invidia de' litterati, condurrà d'altrui lingua alla nostra le gioie e i frutti delle scienzie: le quali ora perfettamente non gustiamo né conosciamo.

Lasc. Veramente né di fama né di gloria si curerà chi vorrà prender la impresa di portar la filosofia dalla lingua d'Atene nella lombarda, ché tal fatica noia e biasimo gli recarà.

Per. Noia confesso, per la novità della cosa, ma non biasimo, come credete; ché per uno che da prima ne dica male, poco da poi mille e mille altri loderanno e benediranno il suo studio; quello avvenendogli che avvenne di Gesù Cristo, il quale, togliendo di morir per la salute degli uomini, schernito primieramente, biasimato e crucifisso d'alcuni ippocriti, ora alla fine da chi 'l conosce come Iddio e Salvator nostro si riverisce e adora.

Lasc. Tanto diceste di questo vostro buon uomo che di piccolo mercatante l'avete fatto messia; il quale Dio voglia che sia simile a quello che ancora aspettano li Giudei, acciò che eresia così vile mai non guasti per alcun tempo la filosofia d'Aristotile. Ma se voi siete in effetto di così strano parere, ché non vi fate a' dì nostri il redentore di questa lingua volgare?

Per. Perché tardi conobbi la verità, e a tempo quando la forza dell'intelletto non è eguale al volere.

Lasc. Così Dio m'aiuti come io credo motteggiate; salvo se, come fanno i maliziosi, quello meco non biasimate che non potete ottenere.

Per. Monsignor, le ragioni dianzi addotte da me non sono lievi, che io debba dirle per ischerzare; e non è cosa così difficile la cognizion delle lingue che uomo di meno che di mediocre memoria e senza ingegno veruno non le possa imparare, quando non pur a' dotti, ma a' forsennati Ateniesi e Romani solea parlare eloquentemente Cicerone e Demostene, e era inteso da loro. Certo anni e lustri miseramente poniamo in apprender quelle due lingue, non per grandezza d'oggetto ma solamente perché allo studio delle parole contra la naturale inclinazione del nostro umano intelletto ci rivolgiamo; il quale, disideroso di fermarsi nella cognizione delle cose onde si diventa perfetto, non contenta d'essere altrove piegato, ove, ornando la lingua di parolette e di ciance, resti vana la nostra mente. Dunque, dal contrasto che è tuttavia tra la natura dell'anima e tra 'l costume del nostro studio dipende la difficultà della cognizione delle lingue, degna veramente non d'invidia ma d'odio, non di fatica ma di fastidio, e degna finalmente di dovere essere non appresa ma ripresa dalle persone, sì come cosa la quale non è cibo ma sogno e ombra del vero cibo dell'intelletto.

LASC. Mentre voi parlavate così, io imaginava di vedere scritta la filosofia d'Aristotile in lingua lombarda, e udirne parlare tra loro ogni vile maniera di gente, facchini, contadini, barcaroli e altre tali persone con certi suoni e con certi accenti, i più noiosi e i più strani che mai udissi alla vita mia. In questo mezo mi si parava dinanzi essa madre filosofia, vestita assai poveramente di romagnolo, piangendo e lamentandosi d'Aristotile che disprezzando la sua eccellenza l'avesse a tale condotta e minacciando di non volere star più in terra, sì bello onore ne le era fatto dalle sue opere; il quale, iscusandosi con esso lei, negava d'averla offesa giamai, sempremai averla amata e lodata, né meno che orrevolmente averne scritto o parlato mentre egli visse, lui esser nato e morto greco, non bresciano né bergamasco, e mentire chi dir volesse altramente; alla qual visione disiderava che voi vi foste presente.

Per. E io, se stato vi fossi, arei detto non doversi la filosofia dolere, perché ogni uomo, per ogni luogo, con ogni lingua il suo valore essaltasse; questo farsi anzi a gloria che a vergogna di lei, la quale, se non si sdegna d'albergare negl'intelletti lombardi, non si dee anche sdegnare d'esser trattata dalla lor lingua. L'India, la Scitia e l'Egitto, ove abitava sì volentieri, produsse genti e parole molto più strane e più barbare che non sono ora le mantovane e le bolognesi; lei lo studio della lingua greca e latina aver quasi del nostro mondo cacciata, mentre l'uomo, non curando di saper che si dica, vanamente suole imparare a parlare e, lasciando l'intelletto dormire, sveglia e opra la lingua. Natura in ogni età, in ogni provincia e in ogni abito esser sempremai una cosa medesima, la quale, così come volentieri fa sue arti per tutto 'l mondo, non meno in terra che in cielo, e per esser intenta alla produzzione delle creature razionali, non si scorda delle irrazionali, ma con eguale artificio genera noi e i bruti animali, così da ricchi parimente e poveri uomini, da nobili e vili persone con ogni lingua, greca, latina, ebrea e lombarda, degna d'essere e conosciuta e lodata. Gli augelli, i pesci e l'altre bestie terrene d'ogni maniera, ora con un suono, ora con altro, senza distinzione di parole, i loro affetti significare; molto meglio dover ciò fare noi uomini, ciascuno con la sua lingua, senza ricorrere all'altrui. Le scritture e i linguaggi essere stati trovati non a salute di lei, la quale (come divina che ella è) non ha mestieri del nostro aiuto, ma solamente a utilità e commodità nostra, accioché absenti, presenti, vivi e rnorti, manifestando l'un l'altro i secreti del core, più facilmente conseguiamo la nostra propria felicità, la quale è posta nell'intelletto delle dottrine, non nel suono delle parole; e per conseguente quella lingua e quella scrittura doversi usare da' mortali, la quale con più agio apprendemo; e come meglio sarebbe stato (se fosse stato possibile) l'avere un sol linguaggio, il quale naturalmente fosse usato dagli uomini, così ora esser meglio che l'uomo scriva e ragioni nella maniera che men si scosta dalla natura; la qual maniera di ragionare appena nati impariamo e a tempo quando altra cosa non semo atti ad apprendere. E altrotanto arei detto al mio maestro Aristotile, della cui eleganzia d'orazione poco mi curarei, quando senza ragione fossero da lui scritti i suoi libri; natura aver lui adottato per figliuolo, non per esser nato in Atene ma per aver bene in alto inteso, bene parlato e bene scritto di lei; la verità trovata da lui, la disposizione e l'ordine delle cose, la gravità e brevità del parlare esser sua propria e non d'altri, né quella potersi mutare per mutamento di voce; il nome solo di lui discompagnato dalla ragione (quanto a me) essere di assai piccola auttorità; a lui stare, se (essendo lombardo ridotto) esser volesse Aristotile; noi mortali di questa età, così aver cari i suoi libri trammutati nell'altrui lingua, come gli ebbero i Greci, mentre greci li studiavano. Li quai libri con ogni industria procuriamo d'intendere per divenire una volta non ateniesi ma filosofi. E con questa risposta mi sarei partito da lui.

Lasc. Dite pure e disiderate ciò che volete; ma io spero che a' dì vostri non vedrete Aristotile fatto volgare.

PER. Perciò mi doglio della misera condizione di questi tempi moderni, ne' quali si studia non ad esser ma a parer savio: che ove sola una via di ragione in qualunche linguaggio può condurne alla cognizione della verità, quella da canto lasciata, ci mettiamo per strada, la quale in effetto tanto ci dilunga dal nostro fine quanto altrui pare che vi ci meni vicini; che assai credemo d'alcuna cosa sapere, quando, senza cognoscere la natura di lei, possiamo dire in che modo la nominava Cicerone, Plinio, Lucrezio e Virgilio tra' latini scrittori, e tra' greci Platone, Aristotile, Demostene e Eschine; delle cui semplici parolette fanno gl'uomini di questa età le loro arti e scienzie in guisa che dir lingua greca e latina par dire lingua divina, e che sola la lingua volgare sia una lingua inumana, priva al tutto del discorso dell'intelletto; forse non per altra ragione, salvo perché questa una da fanciulli e senza studio impariamo, ove a quell'altre con molta cura ci convertiamo come a lingue, le quali giudichiamo più convenirsi con le dottrine, che non fanno le parole dell'eucaristia e del battesmo con ambidue tai sacramenti: la quale sciocca oppenione è sì fissa negli animi d'i mortali che molti si fanno a credere che a dover farsi filosofi basti loro sapere scrivere e leggere greco senza più, non altramente che se lo spirito d'Aristotile, a guisa di folletto in cristallo, stesse rinchiuso nell'alfabeto di Grecia, e con lui insieme fosse costretto d'entrar loro nell'intelletto a fargli profeti; onde molti n'ho già veduti a' miei giorni sì arroganti che, privi in tutto d'ogni scienza, confidandosi solamente nella cognizion della lingua, hanno avuto ardimento di por mano a' suoi libri, quelli a guisa degli altri libri d'umanità publicamente esponendo. Dunque, a costoro il far volgari le dottrine di Grecia parrebbe opra perduta, sì per la indegnità della lingua come per l'angustia d'i termini dentro a' quali col suo linguaggio è rinchiusa l'Italia, vana istimando la impresa dello scrivere e del parlare in maniera che non l'intendano gli studiosi di tutto 'l mondo. Ma quello che non è stato veduto da me, spero dover vedere (quando che sia) chi nascerà dopo me, e a tempo che le persone certo più dotte, ma meno ambiziose delle presenti, degneranno d'esser lodate nella lor patria, senza curarsi che la Magna o altro strano paese riverisca i lor nomi; ché se la forma delle parole, onde i futuri filosofi ragioneranno e scriveranno delle scienzie, sarà comune alla plebe, l'intelletto e il sentimento di quelle sarà proprio degli amatori e studiosi delle dottrine, le quali hanno ricetto non nelle lingue ma negli animi d'i mortali.

SCOL. Già s'apparecchiava messer Lascari alla risposta, quando sopravenne brigata di gentiluomini che venivano a visitarlo, da' quali fu interrotto l'incominciato ragionamento; per che, salutati l'un l'altro con promessa di tornare altra volta, il Peretto e io con lui ci partiamo.

CORTEG. Così bene mi difendeste con l'armi del maestro Peretto che il por mano alle vostre sarebbe cosa superflua; per la qual cosa, avvegna che il parlare intorno a questa materia fosse vostra professione, nondimeno io mi contento che vi tacciate. Ma del soccorso prestatomi, parte da l'auttorità di così degno filosofo, parte da le ragioni antedette, io ve ne rendo infinite grazie; e vi prometto, che per fuggire il fastidio dello imparare a parlare con le lingue de' morti, seguitando il consiglio del maestro Peretto, come son nato così voglio vivere romano, parlare romano e scrivere romano. E a voi, messer Lazaro, come a persona d'altro parere, predico che indarno tentate di ridurre dal suo lungo esilio in Italia la vostra lingua latina e, dopo la totale ruina di lei, sollevarla da terra; ché, se quando ella cominciava a cadere, non fu uomo che sostenere ve la potesse e chiunque alla rovina s'oppose a guisa di Polidamante fu oppresso dal peso, ora che ella giace del tutto, rotta parimente dal precipizio e dal tempo, qual atleta o qual gigante potrà vantarsi di rilevarla? Né a me pare, se ai vostri scritti riguardo, che ne vogliate far pruova, considerando che 'l vostro scrivere latino non è altro che uno andar ricogliendo per questo auttore e per quello ora un nome, ora un verbo, ora un adverbio della sua lingua; il che facendo, se voi sperate (quasi nuovo Esculapio) che il porre insieme cotai fragmenti possa farla risuscitare, voi v'ingannate, non vi accorgendo che nel cadere di sì superbo edificio una parte divenne polvere e un'altra dee esser rotta in più pezzi; li quali volere in uno ridurre, sarebbe cosa impossibile, senza che molte sono l'altre parti le quali, rimase in fondo del mucchio o involate dal tempo non son trovate da alcuno. Onde minore e men ferma rifarete la fabrica, che ella non era da prima, e venendovi fatto di ridur lei alla sua prima grandezza, mai non fia vero che voi le diate la forma che anticamente le dierono que' primi buoni architetti, quando nova la fabricarono; anzi ove soleva esser la sala, farete le camere, confonderete le porte, e delle finestre di lei questa alta, quell'altra bassa riformarete; ivi sode tutte e intere risurgeranno le sue muraglie, onde primieramente s'illuminava il palazzo, e altronde dentro di lei con la luce del sole alcun fiato di tristo vento entrerà che farà inferma la stanza. Finalmente sarà miracolo, più che umano provedimento, il rifarla mai più eguale o simile a quell'antica, essendo mancata l'idea, onde il mondo tolse l'essempio di edificarla. Per che io vi conforto a lasciar l'impresa di voler farvi singulare da gl'altri uomini affaticandovi vanamente senza pro vostro e d'altrui.

Laz. Perdonatemi, gentiluomo, voi non poneste ben mente alle parole del mio maestro Peretto, il quale non solamente non ricusava, come voi fate, d'imparar greco e latino; anzi si lamentava d'essere a farlo sforzato, disiderando una età, nella quale senza l'aiuto di quelle lingue potesse il popolo studiare e farsi perfetto in ogni scienzia. La quale oppenione io non laudo, né vitupero, perché quello non posso, questo non voglio; dico solamente non essere stata bene intesa da voi, onde la diliberazione vostra non avrà origine né dall'autorità né dalle ragioni, ma dal vostro appetito, lo quale seguite quanto v'aggrada, che altrettanto io farò del mio; ché se 'l viaggio che io tengo è più lungo e più faticoso del vostro, per avventura non fia sì vano, e al fine della mia giornata a buono albergo sano, quantunque stanco, mi condurrà.

Bem. Messer Lazaro dice il vero e v'aggiungo che 'l Peretto in quell'ora (come a me pare) disputò delle lingue, avendo rispetto alla filosofia e altre simili scienzie. Per che, posto che vera sia la sua oppenione, e così bene potesse filosofare il contadino come il gentiluomo e il Lombardo come il Romano, non è però che in ogni lingua egualmente si possa poetare e orare; conciosiacosa che fra loro l'una sia più e meno dotata degli ornamenti della prosa e del verso che l'altra non è. La qual cosa fu tra noi disputata da prima, senza far parola delle dottrine, e come allora vi dissi così vi dico di nuovo che, se voglia vi verrà mai di comporre o canzoni o novelle al modo vostro, cioè in lingua che sia diversa dalla toscana e senza imitare il Petrarca o il Boccaccio, per aventura voi sarete buon cortigiano, ma poeta o oratore non mai. Onde tanto di voi si ragionerà e sarete conosciuto dal mondo quanto la vita vi durerà, e non più, conciosia che la vostra lingua romana abbia vertù in farvi più tosto grazioso che glorioso.

Printed in Poland
by Amazon Fulfillment
Poland Sp. z o.o., Wrocław